FLORES ENTRE LOS HUESOS

FLORES ENTRE LOS HUESOS

MANUELA MARTENS

Valparaíso
EDICIONES

Número 527 de la Colección VALPARAÍSO DE POESÍA
dirigida por FEDERICO DÍAZ-GRANADOS

Diseño de la colección: Chari Nogales

Maquetación: Ciclo Creativo

Primera edición: julio de 2025

© De los poemas: Manuela Martens

© Valparaíso Ediciones
   C/ Fray Leopoldo, 7 bajo, 18014 Granada
   www.valparaisoediciones.es

   ISBN: 979-13-87538-78-1
   Depósito Legal: GR 1125-2025

   Impreso en España - *Printed in Spain*
   Gráficas Gami

A mis padres, por el sacrificio
A Lilian, por la raíz
A Alejandro, por las alas

1.

Alumbrado en el sigilo de una noche púrpura
con ráfagas electrizadas de ascua seca,
su sombra es tremor de hielo,
llama inerte que susurra
terremotos y elegías
bajo manto de lamento

rama de invierno
cauce cercenado
alud de llanto
          latido huérfano

Áspero
como un pálpito de sal sin la morada de la sangre,
adherido a la piel como quien duerme
amordazado, entretejido en los
rescoldos de una pesadilla,
en un pulso sofocado
de hálito yermo,

sin aliento entre manos vacías
y dedos crispados,
entre sábanas vencidas de sueño
en el vacío de madrugada
con los ojos abiertos.

2.

Y cómo levantar esta cosecha de légamo asentada en los ojos,
la masa estática de un sopor de siglos anudada en la entraña,
acostumbrados a dormir entre restos,
anidar la pupila absorta
en colinas que no llevan lejos.

Y cómo suturar las múltiples heridas de la carne
que sacia sus estambres con un dolor añejo,
grietas y fragmentos,
cenizas de una muerte cifrada
en la mitocondria de las nubes y las células del viento.

Amarrar al pulso lo que no tiene contorno,
arrostrar ríos de sangre como suspiro espeso,
habitar saliva y cuencas como territorio
de una madre que aúlla desde las venas,
desde el vientre que no tiene huesos
ni nombre.

3.

El fuego avanza,
ávido,
sobre las mantas junto a la hoguera,
asedia gotas de rocío que
aguardan temerosas
su refugio en la mañana.

Ojos brillan con el clamor de lo que se anticipa,
golpes de pavor, como latidos,
mano cerrada reclamando cuerpos

> *donde estará Yamil, entre las llamas,*
> *entre las llamas, dónde estará Ariel*

Mar de ovejas,
lar de cebada,
pan ácimo horneado a ciegas,

promesa aviesa,
tierra prometida,
caudal de brazos en tumulto de suelas.

Briznas de cabello entre la hierba,
sangre que no mana de una mano abierta,
sed
que exprime la sed
que exprime la arena.

dónde estará Yamil, en el silencio
en el silencio, dónde estará Ariel

Así está escrito:
Bubbe leyó en el cielo, Yumma descifró en la tierra

que exhala Yamil
que exhala Ariel

Hasta cuándo
este sopor,
esta pausa,
esta herida de la carne que no lleva lejos

4.

Alzas las manos como quien prende la noche,
carbón ardiente en la espesura del cielo,
refugias el viento entre los labios
en horas ciegas de la madrugada.

Surcas con la lengua afluentes de memoria
que enlodan las esquinas del tiempo,
ríos que inundan la córnea del lobo,
el iris del zorro,
despertando bramidos
en horas ciegas de la madrugada.

En la inclemencia
elevas cifras y símbolos.
En la vigilia,
arcano de restos.
Eres ciprés débil
doblegándose al miedo.

Fronteras de fuego fecundan tu cuerpo
Entre las cenizas anida el secreto,
La inmensidad es una semilla devorada por los ciervos,

en la aurora, esquivando la huella,
entre grietas de noche
deshaciendo rastros de un dolor
desierto.

Y vendrán despacio
agazapando rumores,
te arrancarán la casa
te arrancarán tus hijos,
y los hijos de tus hijos huirán del lecho

para perpetuar certezas como incendios
que un anciano alienta
con ramas de olivo en la fogata del diezmo

Y vendrán despacio,
disfrazados de viento,
y te arrancarán de los brazos
toda la promesa:
la simiente de lo que acontece
el fruto de lo que se anuncia
la raíz de lo que habrá de brotar

5.

Dedo que marca un afluente,
hendidura en un papel grasiento,
trazo de una hora h de un día d
que no habita el calendario.

El latido no alcanza para vivir.

Brazo como bandera
señala el momento
en el que vértebras de acero se expandirán
más allá de su naturaleza.

    Myriam y Ariel moldean dunas nuevas en las sábanas
    Mariam y Yamil rescatan el sol en el ocaso

La coraza deja atrás árboles tiernos,
arranca ramas nuevas con sus cuernos,
aplasta semillas que no verán la aurora,
sepulta amapolas con sus pies de fuego.

La coraza bombea
sangre ardiente
diástole
sístole
en un mismo movimiento.

La coraza contiene
dedos fríos como hiel a cuajos
empuñando simientes de la sombra
que se entierra en las jornadas.

Todo es rojo y gris
como el rizoma del pánico
o el pulso turbio de la pesadilla

No suenan sirenas
cuando la coraza avanza
remozando su vientre en asfalto

Maryam y Yamil bajo una lluvia de pétalos
Miriam y Ariel entre la hogaza caliente

asomando a través de ventanas de verano
con su lanza de trueno.

Y cruzan los brazos en un rito que no entienden,
y buscan refugio de dedos sobre ojos
para no ver la coraza que avanza,
que empaña los cristales de un vaho que no es lluvia

para no ver
que el latido no alcanza
para vivir

6.

Cada jornada
la mañana es un puño en el costado,
palma llorosa descorriendo nubes,
témpano temprano en la abertura del tiempo,
tremor en el párpado del mundo.

Tu andar alimenta caminos arcaicos
cuando sacias tu sed en el aljibe umbrío,
impenetrable como llama en la noche

Construyes el crepúsculo de lo que no respira
modelando nubes como profecías,
otras formas del futuro ya conjurado
atravesado de lápidas sin nombre,
sendas vencidas,
creyendo en lo inefable como augurio cierto.

Tus ancianos formaron el verbo
como sismo retoñando entre las piedras,
alzando árboles que sometan la sequía,
pétalos que resistan el viento.

Y tú bebes de esa fuente verde
hecha de añicos y dura plañidera.

Tus ancianos perecieron en la historia
asidos a una prueba frágil, invertebrada,
sosteniendo con dedos secos
el peso de la ley imberbe.

    Y tú bebes de esa fuente verde
    mientras se esconden huesos en el pan caliente.

Tus ancianos murieron solos,
vacíos por dentro como tumbas profanadas,
declamando memorias
con poemas y pigmentos extranjeros.

    Y tú te envolviste en error,
    en horror,
    en la marca indeleble del perímetro ganado al pasmo,
    la sospecha infalible de lo que se desgrana en la
    esquina del ojo.

Volverán los acuerdos,
movimientos de dedos en un círculo cerrado,
ofrendas fuera del templo,
semilla plantada en el linde.

Regresarán tribunales disfrazados de cordero
inflamando porvenir como humo denso,
envolviendo voluntades
que cierran los ojos
para dormir
con el invierno adentro.

7.

El rojo rompe la mañana
entre las sienes de la noche, atravesando
edificios, posándose en las ventanas
dejando su rastro breve de
palomas
restallando contra los adoquines
como granos de maíz
seco, sus picos negros
martilleando contra las baldosas de la plaza,
labrando el entramado gris de la ciudad
con sus patas quebradas.

Humos y vahos respiran la madrugada,
vapor subterráneo en
un río de té negro que
resbala desde el borde de una taza
agrietada anegando
gargantas.

       Al fondo, colisión de mundos abriéndose paso
       sobre el asfalto adormecido de frío.

Junto al tráfico paralizado entre dos momentos,
       posando para la foto de una historia estática,
un niño ve al frente algo invisible
una mujer huye entre los nudos de su falda
un hombre tuerce el músculo en vano.

En algún lugar
  se firman sentencias
  se firman contratos
  se rompen tratados

En algún lugar
  se hace el amor entre escombros
  se enseña el alfabeto en el aire
  se sueña el triunfo del vencido

Aquí, entre mis dedos,
tu carta:
Una pregunta al aire
mirando al futuro con la boca yerta

8.

Atravesar la quinta avenida,
como la sexta,
no entraña ningún peligro,
quizá cierto riesgo en lo imprevisto:

      el golpe de un bolso cargado de espectros
      colgando del hombro de una mujer de ceniza,

      o el impacto en el oído de un nombre,
      inexacto,
      desvinculado de mi forma,

      o el paso en falso,
      la acera que se aleja de mi zapato gastado,
      la respiración que no basta para inhalar tanto gris.

          De fondo:
          Los colores alimentando adrenalina
          Las luces de Times Square como arca de la alianza

Aromas ambulantes que confirman
la distancia del errante,
perfumes del ajuar que embalsaman
cuerpos en descomposición

        la pertenencia a una clase modal

Desplazados de la Humanidad
(como despojos)
Desterrados de la Humanidad
(como vestigios)
Enterrados en la Historia
(como pruebas)

Cruzar la quinta avenida,
o tal vez la cuarta,
adquiere la ventaja de la desposesión,
la serenidad de una muerte probable en cada esquina:

Limpia,
aséptica:
sin papeles en regla.

Entre gritos que no anuncian lo que me constituye como esencia,
miradas que no aciertan a atravesarme el esternón,
presión de cuerpos contra cuerpos,
la humanidad vaciada que pugna por perpetuar
una especie desmembrada de su tronco.

Tú estarás en la certeza de lo que existe,
en la noticia del diario consumido
entre espasmos y estertores.

Tú:
juntando días como granos de alpiste
que no alcanzan para llenar el hueco de una mano

Tu voz:
tiempo en suspensión entre las preguntas sin tiempo,
respuesta sin destino
sepultada
  con los cuerpos,
  con los anillos de bodas, los encajes y las sedas
  con las fotos de un Bar Mitzvá silencioso,
  con la cadencia de un Ramadán hambriento

Quizás vuelvan tus cartas
con meses de retraso y una marca en el reverso,
salvoconducto de lo aceptable,
de lo que perece
de lo que no amenaza

Y mi voz
  sobreviviente de una esperanza que naufraga en el vacío
se enredará en la lengua de tu letra arcaica,
desatendida,
desmembrada,
sin más propósito que presenciar el milagro,
sin más raíz que la respiración,
tu voz que pregunta lo que no intuye,
tratando de entender
la quinta avenida
y sus esquinas

9.

Caín mató a Abel en el anverso de la historia
    (ramas arrojadas a la misma pira
    el hijo dorado y el hijo despreciado
    trueno de injusticia
    sierpe con piel de cordero)
y todo se precipitó:
    (La mano hambrienta de Abel robando a Caín el
pan de su trabajo
    El diente secreto de Adán devorando la fruta
cosechada en la oscuridad
    Los dedos de Hábil y Qábil disputándose el
puñal en la neblina)

Un dios de justicia
que limpia el paraíso de rastrojos
para poblar la tierra con un linaje firme
    (Un dios caprichoso
    que juzga el temperamento con la ofrenda
repudiada
    que niega a Caín el aliento de divinidad que
atemperase su naturaleza humana)

Aprendiste las múltiples genealogías,
los nombres de ungidas dignidades,
las parábolas sin código para goce de los salvos
que descifran con la mente
el aliento primero
y denuncian la ceguera del perdido

como renuncia al misterio esencial
de un nombre impronunciable
enredado en el ceño de quien
no sabe leer.

La historia narrada por la serpiente
        y repetida por los extremos:
        los polos que existen porque
        se habitan entre ellos;
        el engaño como penitencia

Aprendiste
que la estirpe de Caín pobló la tierra por fundar un Abel yermo
para repetir el error de la codicia,
la vanidad y la envidia que todo lo dominan,
multiplicar bajo el peso inespecífico de la lujuria
la soledad y el desamparo de una
humanidad
deambulando como polvo de un desierto abandonado

Anclados en el verbo infecundo,
en el vaivén de una balanza oxidada
que no cesa de inclinarse
hacia un abismo
        Abel y Caín
                Yamil y Ariel
                Ariel y Yamil

ramas exangües de un árbol
envenenado de llanto,
atrapado en la ciénaga de lo que no respira,

en la entraña corrupta que fabrica tormentas,
en la voz de una conciencia esbozada,
a trazos,
extinguiendo por cansancio la llama de la vida,
azuzando sombras

Solo Eva se eleva, sola,
sobre un palco de plañidera
con su llanto verdadero:
por la vida de un Caín consumido entre espinas,
por la decepción de Abel y su estirpe dorada
por la potencia del dios malversado
      de la serpiente que todo lo domina,
por los hijos de los hijos de los hijos de los hijos

10.

La sintaxis de las nubes,
la métrica de los primeros días,
la creación como anáfora,
        como argumento de finitud

La preeminencia del verbo
emanado, el verbo derramado
coronado de lluvia,
el trueno consagrado por las estrellas.

Amnesia entre las trenzas de las madres,
en los vientres de los vientres olvidados;
sudor que se vierte como heraldo:
Grietas en el campo agonizante.

En las cinturas de los nuevos niños,
munición como días en cadena.
En las cinturas de los nuevos niños,
el talmud como días en cadena.

Pechos exaltados de angustia
sin respiración,
sin alimento,
repitiendo la historia como un eco
entre los brazos de madres hambrientas.

Yamil y Myriam entrelazan los dedos de la creación
Maryam y Ariel entrelazan los dedos de la creación

En la noche
cantan para inventar lo que aún no existe
para amortiguar el ruido de la munición
que sirve de excusa a la madrugada

11.

La voz del noticiero
solo declama tu nombre,
la cadena de fonemas como un ruego,
como aflicción de lo que ocurrirá,
  de lo que ya habrá acontecido

El pulso se acelera a las 6:45
después de la jornada en la anestesia,
después de horas de suspiros,
miradas airadas,
arritmias
asepsias
ausencias

la humanidad en el péndulo
la humanidad sumida en el grito del siglo
la humanidad como gusanos de una gran manzana

Después de la jornada
del golpe de entumecimiento
del sofoco y la desafección
del ajetreo como excusa
de la agitación de rata de vertedero
de la pugna de la supervivencia del más
débil, colgando
de corbata y maletín, dedos
acomodando el cuello
para que la garganta trague

lo que ha de quedar adentro;
colgando de rouge y *business casual*
el pañuelo abrazando
la garganta para que la garra
tenga
dónde aferrarse.

Miradas reflejadas en teléfonos
animados por una luz de pantalla,
bajo el asfalto,
transportados como granadas de mano de un punto
a otro de un espacio trémulo,
células multiplicándose en un organismo difunto.

A las 6:45,
después del trigo hervido y el té amargo,
después de las abluciones y los rezos,
tu nombre se multiplica en el espacio,

sobre la mesa de café
tu nombre
contra la pared de color beige
a través de las ventanas
en el pasillo que comunica con otros cuerpos
invisibles, en el peso de mis pies sobre las baldosas frías
arrastrándome al sueño

Tras las cortinas del dormitorio
tu nombre acecha mi desvelo
y se acerca a mi oído
como una sombra
a susurrar
cada nombre
cada nombre
bajo los escombros

12.

Aprendiste a vivir de puntillas
en los resquicios que deja la sombra,
grietas suaves,
imprecisas,
exhaustas de hambre

y una sed como ráfagas,
falsas alarmas, sirenas ansiosas,
lo que se esperó y vino abrumando los ojos de vidrio,

una sed como grumos
de humanidad densificada,
de manos apretadas conteniendo el aliento,

una sed como calambre,
la inflamación de los nudillos contra las
puertas cerradas.

Consulados,
entre pan y pan,
untados
de desolación,
funcionarios de letra,
el pulso amordazado del que habita
la soledad de los escalones de salida,
la mueca velada de las alcantarillas.

Viviste en las fisuras del pavimento,
en el suburbio que crean las fronteras,
en el vacío del pasaporte equivocado,
en la foto de carnet con la sonrisa dibujada.

Estiraste billetes exánimes
como ruinas de un mercado mezquino,
guardando las monedas en bolsillos
que no contenían todo tu sudor,

los brazos colgando a los costados,
los ojos caídos por las comisuras de la boca,
los dientes mordiendo dientes,
como te enseñaron;
la lengua prisionera de otra lengua.

Aprendiste
a moverte en los zapatos
de un cuerpo distante, a deglutir
el café de la mañana, el té de las cinco
aguantando la respiración.

Aprendiste
los rituales del miedo en territorios
del pánico, olfateando el aire
del león hecho presa,
temiendo
la palabra dicha a destiempo
los sonidos impronunciables
de la desesperación,
habitando los espacios del tedio,

la jornada que no aguarda y
no cesa.

Ahora,
tumbado en el sofá
como un cadáver,
sobre manchas de nostalgia
y precipicio,
te aplasta este peso en el pecho
de diagnóstico lacónico,
eso que asoma
con su tristeza de saldo
entre corazón y pulmones
entre pulmón y latido
entre vigilia y
milagro

13.

Ciego al sol
afianzando firmamento
pueblo que revela la casa
que dibuja horizonte.

Ciego a la mejilla
con aroma de tarde,
alcanfor, algodón
y soplo de eneldo.

Sordo a la voz
de hogaza en la mesa,
de cucharas
humeantes de leña.

Sordo al suspiro
de canela,
dedos amasando trigo
en el rumor naciente.

Mudo,
con una lengua fósil
Mudo,
con una lengua atrapada
Mudo,
bajo una lengua potente
de dios y oro
de papel y tinta
de golpe en la puerta

de trueno y relámpago
sobre los lirios.

Mudo,
como quien grita
sin la potencia de la primavera.

Mudo de frío
y ausencia.

14.

Cada mañana
refundo palabras de un idioma de difuntos,
rescato siluetas que se alejan,
respiro arrimado al costado que menos duele,
en el lado de la cama que no se estremezca

La soledad es otra forma de infinito

Cada mañana
me alimenta la memoria del osario,
cereales de cartón nadando en leche agria,
humanidad como carne de frigorífico

En los bancos del parque se respira histeria

Cada mañana
me anudo los zapatos con la mano izquierda,
me ajusto la corbata con un solo gesto,
me aprietan los bolsillos con cada respiración

Se instala entre las sienes un aullido:
La alarma de incendios de lo que se desvanece

Me cuelga lava verde de los ojos
Me corre lava roja por los brazos
Me estalla lava azul en los oídos
Me brota lava acre de las venas

La congoja me atraviesa el costillar
con su volumen volcánico,
la congoja amenaza la mandíbula
con su volumen de océano,
la tristeza me satura la garganta
con su hiel de *dollar store*

Cada tarde
los ficheros zozobran,
los cubículos no contienen la inundación,
las planillas de visitantes se pueblan de náufragos

      el ascensor es espacio eclipsado
      hacia
      el autobús sobre una calle trémula
      tras
      el subterráneo que transpira fluorescente

En el tejado del edificio más alto
en el dominio del imperio,
en el punto que preside el mundo
solo siento
la potencia arredrada de la flor
en un desierto de cemento

al otro lado de este océano
donde estarás

15.

Bajo la tierra
se esconden
los huesos de los huesos,
venas que horadan la magnitud del campo,
veneno lento sobre el trigo seco
sofocando el centeno que se trenza de verano

Bajo el pavimento,
lentitud de las jornadas:
el osario más grande del mundo en una tarde.
En el paño no se enjuga tanto esfuerzo,
tanto latido vacío,
tanta promesa caduca,
tanto espanto.

Los niños juegan entre escombros,
descubren tesoros
limpiando fémures,
clavículas,
como arqueólogos del miedo.

A los niños les crecen
ojos de milagro
ciegos al llanto
agotados de tan tiernos,
y bañan con leche tibia
lo que encuentran entre las piedras

que no son sus muertos
ni los muertos de sus muertos
ni la memoria opaca de lo que no se nombra
ni la sentencia firme de lo que acontece
ni la preñez gastada y arrimada a un lado

Juegan una infancia
de otros meridianos,
distante de la experiencia de sus cuerpos,

no el terror de siglos y el estupor del próximo segundo
ni el obituario de una cosecha arrebatada al estío
ni el sabor acerado de lo que no se nombra
ni tan siquiera
la longitud de onda del aullido
o el pavor en el tacto de una madre que huye

Hoy,
bajo la hierba hecha de polvo,
        bajo el pasto que se desangra,
se levantan los huesos con pulso nuevo,
brotan raíces como tubérculos,
crecen hojas desde las cicatrices
acariciando la tierra hasta la superficie.

Los niños juntan agua en las acequias
provocando la lluvia con sus cantos,
para regar lo que se anuncia
bajo la tierra
donde los huesos de los muertos,
los muertos de los muertos,
se desperezan
con una flor en la boca.

16.

Transito aceras
persiguiendo horizonte,
cada manzana
una nueva entrega de milagro.

Cruzo esquinas
acercando ese rayo
de sol entre las piedras
que reverbera con destreza de ilusionista
contra los rascacielos.

Por las calles,
rebaños de ovejas alineadas
sobre el trazo de murmullos extáticos
prometen la sonrisa de una criatura;
en las plazas,
vendedores de *hot dogs*
animando el aire con sus palmas anchas
ofrecen ambrosía junto a un río
de narcisos.
El tintineo de pulseras
es el signo vibrante de la risa;
el tráfico sedimentando en las calles
con su bullicio impaciente
impulsa mis piernas.

Cuento días
como nudos de un pañuelo
marcando el paso del tiempo
hasta tu rostro
y esa sombra luminosa
con mis labios y tus ojos
apenas centímetros de suelo
entre tus pies
y mi distancia.

Acumulo pasos
atropellados, inquietos
de anuncio
ascendiendo Manhattan hasta el infinito
por donde se muestra el día
sin gris
sin asfalto
solo el brillo del sol
y tu resplandor
sobre mis párpados

17.

Hoy el sol
entre las nubes
sobre la frente sucumbe
al prodigio, los brazos
descansan
laxos,
la espalda relaja las vértebras
y su contorno sobre el césped
húmedo,
tu carta en mi bolsillo,
confiada,
y la posibilidad
de otro día que surge
de otro día que
soy
porque eres
bajo los árboles,
el tacto de tus
dedos en mis dedos
la ilusión
de que somos
sobre el césped fresco
esta carta
puente
se estira más allá
de mi anhelo
y tu ausencia
esperanza

espacio
que se funde de mañana
sobre el césped
nuevo
los dedos jugando con las
hojas, cruzándose en
el regalo
de una mirada
anclada en tu rostro
tan cercano
a unos centímetros
y nueve mil kilómetros
salvando la dimensión
entre nosotros
en el lugar que somos
porque soy
y eres
bajo mi espalda
donde brotan
flores,
una a una,
un océano de
flores
entre los huesos.

ÍNDICE